Alerte aux poux !

Texte de
Magdalena

Illustrations
d'**Emmanuel Ristord**

Castor Poche

« Il y a des poux dans l'école »,
dit Maîtresse Julie.

« Qui a des poux dans la classe ?
demande Maîtresse Julie.
– Pas moi, dit Léa.
– Pas moi, dit Noé.
– Pas moi, dit Ana.
– Pas nous ! » crie la classe.

Mais Alice se gratte la tête.
La classe la regarde.

« Alice a des poux ! »
dit Tim à sa voisine.

Basil est assis à côté d'Alice.
Il se gratte aussi la tête.
La classe le regarde.

« Basil a aussi des poux ! »
dit Réda à son voisin.

Maîtresse Julie distribue
des feuilles « Alerte aux poux ».
Elle dit :
« Ce n'est pas grave.
Avec vos parents,
on va chasser les poux ! »

Chaque élève colle sa feuille
dans le cahier des parents.
On entend :
« C'est vilain !
– C'est moche !
– C'est pas beau ! »

Maintenant, toute la classe se gratte la tête.
Mia dit :
« Je ne veux pas de cette bête sur ma tête ! »

Dans les maisons,
la chasse aux poux commence !
On regarde la tête.
On passe le peigne électrique.
Il fait « cric » quand il y a un pou.
On fait le shampoing anti-poux.
Et le lendemain, on recommence !

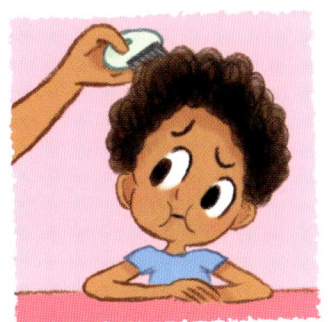

Le lundi, le mardi, le mercredi,
le jeudi, le vendredi…
À l'école, on ne parle que des POUX !
« J'ai vu des poux dans mon bain, dit Alice.
– La chance ! » dit Basil.

À la récréation,
on joue à « C'est toi le pou ».
Basil dit à Bob :
« Tu dois courir. Si le pou te touche,
tu es le pou à ton tour. »

Un matin, la maîtresse dit :
« L'alerte aux poux est finie.
Je ne veux plus entendre parler des poux.
– Ouf ! dit Mia.
– Dommage ! » dit Basil.

Mais Mia voit que Maîtresse Julie
se gratte la tête.
Une fois, deux fois, trois fois.
Mia dit à Léo :
« Je crois que la maîtresse a des poux ! »

Léo le dit à Fatou,
qui le dit à Alice,
qui le dit à Basil.
Basil dit trop fort :
« La maîtresse a des poux ! »

Tous regardent Maîtresse Julie :
elle se gratte la tête.
« Je me suis trompée,
la saison des poux n'est pas finie ! »
dit Maîtresse Julie.

Retrouve les histoires de **Je suis en CP** pour t'accompagner tout au long de l'année !

Niveau 1 : Premier trimestre - Niveau 2 : Deuxième trimestre - Niveau 3 : Troisième trimestre

 *C'est la rentrée !* NIVEAU 1

 *Dispute à la récré* NIVEAU 1

 *Le nouveau* NIVEAU 1

 *C'est l'automne !* NIVEAU 1

 *Jour de piscine* NIVEAU 2

 *La remplaçante* NIVEAU 2

 *Le bras cassé* NIVEAU 2

 *Les anniversaires* NIVEAU 2

 *Le lapin de la classe* NIVEAU 2

 *Les amoureux* NIVEAU 3

 *La fête de l'école* NIVEAU 3

 *La classe de mer* NIVEAU 3

 *Chez les pompiers* NIVEAU 3

À DÉCOUVRIR — Mon carnet de l'année